Recettes traditionnelles d'Alsace

Recettes traditionnelles d'Alsace

I.D. l'Édition

Sommaire

Les recettes salées

Les recettes sucrées

L'Alsace, terre d'histoire, de gastronomie et de légendes...
Découvrez toute la richesse de notre patrimoine culinaire !

Les recettes salées

- Apéritifs
- Entrées
- Soupes
- Poissons
- Viandes
- Accompagnements

Le Bretzel

Pour apprécier pleinement le goût unique du bretzel il est impératif de le déguster le jour de sa cuisson. Il s'accompagne bien volontiers d'une bonne bière d'Alsace...

La fabrication du bretzel remonte apparemment au XIIe siècle. Ce pain en forme de coeur aurait été créé par un boulanger d'Ingwiller suite à un différend (il aurait juré à maintes reprises contre le seigneur) qui l'aurait conduit en prison. Le seigneur lui aurait proposé de lui créer un pain dans lequel on pourrait voir trois fois le soleil, en échange il serait libéré. C'est ainsi que serait né le bretzel.

Une autre légende similaire à celle-ci place l'origine du bretzel à Bouxwiller en 1477, où un boulanger se serait fait emprisonner par le Roi pour avoir mal cuit son pain. Risquant l'exécution, la femme de ce dernier s'est rendue auprès du Roi, le suppliant de donner une seconde chance à son mari. Le Roi ayant sans doute pitié de cette pauvre femme, lance un défi au boulanger : sous trois jours, ce dernier doit inventer un pain « au travers duquel le soleil brillerait trois fois ». Le boulanger eut l'inspiration en voyant sa femme prier à genoux pour lui, les bras posés en forme de croix sur sa poitrine. Ainsi le boulanger confectionna un bretzel et eut la vie sauve !

Une autre légende attribue la forme du bretzel à un antique culte solaire. A l'origine il aurait été constitué d'une croix entourée d'un anneau.

Entre le XIVe et le XVIe siècle, de nombreux textes fixent les règles de sa fabrication.

En 1492, il devient l'emblème de la corporation des boulangers à laquelle est réservée l'exclusivité de sa fabrication. Le bretzel reste encore aujourd'hui l'emblème de la boulangerie artisanale et est devenu également celui de la marque « Alsace ».

On retrouve le bretzel dans l'iconographie alsacienne comme dans l'Hortus Deliciarum, sur des linteaux de porte, des colombages, mais aussi sur des pierres tombales (ex : pierre tombale d'un boulanger du XIVe siècle)...

Un succès hors de nos frontières !

Dans les années 1950, les bretzels et sticks, petits biscuits secs salés sont fabriqués à l'échelle industrielle. Ils font toujours fureur sur les tables apéritives dans les foyers alsaciens.
Le bretzel sous sa forme de biscuit sec apéritif est exporté dans toute l'Europe.

Préparation : 15 min
Temps de repos : 2 h
Cuisson : 15 min

Ingrédients pour 6 pièces

- ***500 g de farine***
- ***20 g de levure fraîche***
- ***15 g de sel***
- ***30 cl de lait***
- ***30 g de beurre***
- ***2 jaunes d'œufs***

Pour le trempage

- ***1,5 l d'eau***
- ***40 g de bicarbonate de soude***

Faire un puits dans la farine, y mettre le sel, la levure émiettée, le lait et le beurre pommade en petit morceaux. Pétrir le tout jusqu'à obtenir une pâte homogène. Former une boule et couvrir le plat d'un torchon.

Laisser reposer jusqu'à ce que la pâte ait doublé de volume.

Diviser la pâte en 6 morceaux égaux et les rouler en boudin de 50 cm de long sur 1 cm de diamètre.

Les façonner en bretzel.

Faire bouillir 1,5 l d'eau avec le bicarbonate de soude.

Plonger les bretzels dans l'eau bouillante et les ressortir aussitôt.

Les mettre sur du papier sulfurisé sur une plaque allant au four.

Badigeonner de jaune d'œuf puis saupoudrer de gros sel et les cuire au four à 260°C, thermostat 9, pendant 15 min.

Le Kougelhopf

Spécialité alsacienne par excellence, le kougelhopf est une brioche dont la forme est caractéristique, il se prépare dans un moule spécial en terre cuite émaillée qui porte d'ailleurs son nom.

Traduction :

« Kugel » viendrait soit de « Gugel » : cagoule, chaperon à la mode en Allemagne au Moyen Age et « hopf » viendrait de « hefe » la levure.

Une autre version tend à penser qu'il y eut une transposition de « *kugelhut* » (*kugel* : boule et *hut* : chapeau) vers kougelhopf. Ceci représenterait le chapeau des parlementaires de Strasbourg à l'époque.

Il peut être sucré ou salé. De nombreuses légendes sont à l'origine de sa création...

A Ribeauvillé une légende prétend que le kougelhopf fut confectionné la première fois par les Rois Mages pour remercier un pâtissier local du nom de Kugel de son hospitalité. La forme de ce gâteau viendrait de leurs turbans.

A Strasbourg : un Roi Mage sortant de la crèche y aurait oublié son turban en fils d'or, serti de diamants en forme d'amande. A son retour de croisade, le turban se serait retrouvé chez un pâtissier qui s'en serait servi comme moule pour créer un gâteau : le kougelhopf.

Il se raconte également que le kougelhopf se trouverait à l'origine du baba au Rhum. Le roi de Pologne Stanislas Leczinski (beau-père de Louis XV) installa sa cour à Lunéville où il eut l'occasion de goûter au kougelhopf, mais le trouvant trop sec à son goût ! Afin de satisfaire le roi, le pâtissier le fit tremper dans un sirop de sucre et de Rhum.

Nicolas Stohrer, ancien apprenti dans les cuisines du roi, s'en va à Versailles servir le roi de France et améliore cette recette en créant le baba au Rhum.

Pour d'autres, c'est Marie-Antoinette qui avant d'arriver à Versailles, fit une halte à Strasbourg au Palais des Rohan, qui aurait fait connaître et rendu célèbre le kougelhopf à la Cour. Accueillie par les évêques, ces derniers lui auraient offert des gâteaux.

Quoi qu'il en soit, les historiens peinent à reconstituer l'exacte origine du kougelhopf, car il n'y a quasi aucune source écrite avant le XIXe siècle !

Seuls quelques moules anciens retrouvés attestent son existence au XVIIIe siècle.

Les moules n'ont pas toujours été en terre cuite, il y en a eu en cuivre également.

Le moule est un ustensile de cuisine mais fait également office d'élément décoratif et ce dès les origines. Les moules sont munis d'un crochet ou troués afin de pouvoir les exposer dans la cuisine.

Kougelhopf salé

Préparation : 1 h
Cuisson : 40 min

Ingrédients pour 6 personnes

- *500 g de farine*
- *2 œufs*
- *20 g de levure*
- *20 cl de lait*
- *100 g de beurre pommade*
- *10 g de sel*
- *150 g de lard*
- *1 oignon*
- *110 g de noix*

Hacher grossièrement 30 g de noix.

Emincer finement le lard en lardons ainsi que l'oignon puis les faire cuire dans une poêle à sec jusqu'à ce que le lard blanchisse. Réserver.

Dans un saladier, mettre la farine et y faire un puits. Verser les œufs battus, la levure émiettée, le sel et le lait en filet. Pétrir le tout, puis ajouter le beurre pommade et pétrir à nouveau.

Ajouter le lard et les noix hachées et pétrir jusqu'à obtenir une pâte homogène.

Couvrir le saladier dans un endroit tiède jusqu'à ce que la pâte double de volume.

Travailler à nouveau la pâte.

Beurrer et fariner un moule à kougelhof.

Disposer le reste de noix dans le fond du moule puis déposer la pâte.

Laisser lever dans un endroit tiède jusqu'à ce que la pâte arrive à hauteur du moule.

Cuire au four 1 h 10 à 170°C, thermostat 6.

Le kougelhopf a été longtemps un gâteau de fête : Noël, Pâques, vendanges, fiançailles, mariage... De nos jours, il est de consommation courante (principalement pendant les week-ends et pour les apéritifs).

L'asperge

L'asperge est un véritable symbole du printemps en Alsace...

Elle est cultivée sur tout le terroir alsacien, qui par ses sols sablonneux et limo-argileux et son climat, favorise sa production de façon optimale.

En Alsace, c'est l'asperge blanche qui prime chez les producteurs. Elle est cueillie à la main à partir de la mi-avril pour une durée d'environ deux mois.

Les asperges d'Alsace bénéficient de la marque collective « Terroir d'Origine Garanti ». Les producteurs, réunis en Association pour la Promotion de l'Asperge d'Alsace respectent à ce titre un cahier des charges contrôlé par un organisme indépendant depuis 1999. Une étiquette commune est apposée sur chaque botte d'asperges : « L'Asperge d'Alsace, la référence qualité et fraîcheur ».

Originaire d'Asie Mineure et du pourtour de la Méditerranée, l'asperge est déjà mentionnée dans « l'Histoire des Plantes » de Théophraste vers 320 av J-C.

L'asperge est utilisée dès l'Antiquité pour ses vertus médicinales : propriétés diurétiques... mais aussi pour les vitamines et minéraux qu'elle contient.

En Alsace, la présence de l'asperge est attestée dès le XVIe siècle dans le « *Kreuterbuch* » de Jérôme Boch (1539), ouvrage dans lequel l'auteur fait mention de deux variétés en Alsace.

Par la suite, de nombreux récits, textes et recettes en font l'éloge.

Aujourd'hui Hoerdt est considérée comme la capitale de l'asperge dans le Bas-Rhin, dans le Haut-Rhin, les grands centres de production se situent à Illfurth et Rumersheim le Haut.

Quiche aux asperges

Cuisson : 35-40 minutes
Température : 175°C

- *1 pâte brisée*
- *500 g d'asperges*
- *300 g de gruyère râpé*
- *½ l de lait*
- *½ l de crème*
- *8 œufs*
- *Sel et poivre*
- *Noix de muscade*

Eplucher les asperges et les faire cuire légèrement à la vapeur.

Abaisser la pâte brisée.

Déposer 300 g de gruyère râpé au fond du plat.

Verser dans un cul de poule le lait, la crème, le sel, le poivre et la muscade et 8 œufs. Mélanger le tout.

Couper les asperges cuites et les disposer en cercle dans le plat à tarte.

Recouvrir les asperges avec la préparation.

Cuire la quiche pendant 35 à 40 min au four à 175°C.

Les escargots

En Alsace, plusieurs producteurs se consacrent à l'élevage d'escargots et en ont fait ainsi une spécialité locale traditionnelle. Nombre d'entre-nous en consomment en entrée le soir du réveillon de Noël.

La consommation d'escargots par l'homme remonte vraisemblablement au Mésolithique (10 000 avant J-C), des vestiges de coquilles d'escargots calcinées ont été découvertes dans plusieurs grottes ce qui laisse imaginer que les hommes préhistoriques les grillaient déjà.

Dans le monde antique, Grecs et Romains en raffolaient également. Les romains sont à l'origine de la création des élevages d'escargots dans des parcs appelés « *cochlearia* ».

Grâce à ses parcs d'élevage, la consommation d'escargots se diffuse rapidement dans toutes les provinces conquises par Rome.

Au XVIe siècle, l'escargot est considéré comme une viande maigre trouvant aisément sa place dans les repas des périodes de carême.

Après une période d' « abandon » de la consommation d'escargots, les restaurateurs au XIXe siècle les remettent à la mode et les popularisent sous la recette « escargots de Bourgogne ».

Préparation : 15 min
Cuisson : 10 min

Ingrédients pour 6 personnes

- *6 x 12 escargots*
- *300 g de beurre*
- *12 g de sel*
- *6 g de poivre*
- *50 g de persil*
- *20 g d'ail*
- *30 g d'échalote*

Laisser le beurre à température ambiante afin d'avoir un beurre pommade.

Hacher finement l'ail, l'échalote et le persil.

Malaxer le beurre avec tous les ingrédients, excepté les escargots, jusqu'à ce que le mélange soit homogène.

Disposer les escargots dans une escargotière ou en coquilles puis couvrir de beurre.

Mettre au four à 250°C pendant 10 min.

Servir dès que le beurre frémit et devient mousseux.

Le Foie gras

En France la saison du foie gras s'étend de novembre à mars, même si on le consomme toute au long de l'année. Les deux principales régions productrices de foie gras que sont l'Alsace et le Périgord dans le sud-ouest, se disputent souvent sa paternité !

Il faut aller chercher dans l'Egypte ancienne pour trouver l'origine du foie gras, ou plus exactement de la technique du gavage. Les égyptiens gavaient leurs oies non pour en consommer leur foie, mais afin d'obtenir des oiseaux bien gras et bien dodus.

Par la suite, ce sont les Romains qui gavaient les oies à l'aide de figues. Avec l'extension de l'Empire Romain, la tradition se répand jusqu'en Europe Centrale.

Avec l'installation des Juifs en Alsace, la technique du gavage s'implante dans la région, (la tradition orale affirme que les Juifs ont appris la technique du gavage en Egypte et qu'ils la transmettent de génération en génération).

Au XVe siècle, avec l'apparition du maïs en Europe, le gavage aux figues est remplacé par la céréale.

Dès le XVIe siècle, les Juifs alsaciens composent des recettes de foie gras avec adjonction d'une dizaine d'épices, telles que le coriandre, la muscade...

Cette tradition est perpétuée de nos jours puisque nombre d'entre nous ont l'habitude de consommer le foie gras avec du pain d'épices.

Mais c'est au XVIIIe siècle que le foie gras connaît un véritable essor en Alsace et ce, grâce à un jeune cuisinier du nom de Jean-Pierre Clause, qui à l'âge de 21 ans est venu rejoindre son frère, pâtissier, à Strasbourg. Il entre au service du Marquis de Contades, alors Maréchal de France et Gouverneur militaire d'Alsace.

C'est à l'occasion d'un dîner pour le Marquis que Jean-Pierre crée le pâté de foie gras (entre 1779 et 1783) : une croûte de pâte garnie de foies gras entiers entourés d'une farce de veau et de lard finement hachés.

Ce pâté va le rendre célèbre ! Le succès fut tel que le Marquis fit porter un pâté à Louis XVI à Versailles !

Jean-Pierre Clause épouse en 1784 la veuve d'un pâtissier ayant une boutique au 3 rue du Marché aux Chevaux (actuelle rue de la Mésange). Après avoir passé son brevet de maîtrise, il s'inscrit à la « tribu des pâtissiers » et reprend la boutique où il commercialise son fameux pâté. En 1790, un cuisinier du président du Parlement de Bordeaux, Nicolas-François Doyen vient renforcer l'équipe. Ce dernier à l'idée d'ajouter des truffes au pâté de foie gras.

Doyen finit par se mettre à son compte et commercialise le premier le « pâté de foie gras de Strasbourg aux truffes du Périgord ».

Il faut attendre 2001 pour qu'une dizaine de producteurs de foie gras alsaciens se rassemblent pour créer l'Association des producteurs fermiers de foie gras d'Alsace.

De cette association est née la marque « Gänzelisel » qui a pour objectif la garantie d'une production de qualité et une marque identitaire du terroir alsacien (cf. les asperges).

Foie gras

Préparation : 1h
Temps de repos : 12h
Cuisson : 45 min
Temps de repos avant dégustation : 2-3jours

Ingrédients pour 6 personnes

- *1 foie gras cru de 600 g*
- *4 g de mélange d'épices à foie gras*
- *8 g de sel*
- *1 cl de Porto*
- *1 cl de Cognac*
- *1 cl de Ricard*

Pour la confiture d'oignons

- *400 g d'oignons*
- *300 g de sucre*
- *50 cl de vin rouge*
- *1 cuil. à café de mélange 4 épices*

Laisser le foie à température ambiante pendant 1 h afin qu'il soit souple.

Ecarter les lobes du foie et dénerver en tirant doucement sur les veines.

Répartir le sel, les épices et les alcools sur le foie.

Refermer le foie et le mettre dans une terrine de taille adaptée.

Presser légèrement.

Mettre une feuille de papier aluminium à la surface du foie avant de refermer la terrine.

Laisser reposer 12 h au réfrigérateur.

Chauffer le four à 60°C, thermostat 2.

Mettre la terrine dans un plat creux contenant de l'eau bouillante et enfourner pendant 45 min.

Laisser refroidir et reposer au réfrigérateur pendant 2 à 3 jours avant de déguster.

Préparation de la confiture d'oignons :

Eplucher et émincer finement les oignons.

Mettre tous les ingrédients de la confiture d'oignons dans une casserole et laisser réduire à feu doux jusqu'à ce que les oignons soient confits, pendant environ 1 h 30.

Fromage blanc à la paysanne
Bibeleskäs

Repas typiquement campagnard que les familles mangeaient souvent le soir. Le fromage blanc se dégustait aussi sans sel avec des fruits ou de la confiture.

Préparation : 15 min

- *500 g de fromage blanc fermier*
- *25 cl de crème fraîche*
- *Sel, poivre*
- *Persil, ciboulette*
- *1 oignon*
- *Ail*

Mélanger le fromage blanc bien égoutté avec la crème fraîche, saler et poivrer.

Hacher finement l'ail , l'oignon , le persil et la ciboulette.

Selon les goûts, incorporer les ingrédients hachés au fromage blanc ou les présenter séparément en accompagnement afin que chacun puisse se sevir selon ses envies.

Servir frais accompagné de pommes de terre en robe des champs et d'un bon fromage de Munster.

Presskopf

Préparation : 45 min
Cuisson : 3 h 30
Temps de repos avant dégustation : 2 jours

Ingrédients pour 1 terrine

- ***1 tête de porc désossée***
- ***1 langue de porc***
- ***50 g de carottes***
- ***50 g de céleri***
- ***50 g de poireau***
- ***50 g de chou blanc***
- ***50 g de beurre***
- ***100 g de ciboulette***
- ***1 l de vin blanc***

Dans une grande marmite, mettre la tête de porc, la langue, le vin blanc puis couvrir d'eau. Cuire pendant 2 h 30.

Egoutter la viande et décanter le jus de cuisson. Le passer au chinois.

Peler la langue et couper la viande en petits morceaux.

Eplucher les légumes et les couper en petits morceaux.

Les faire revenir dans le beurre. Ajouter les morceaux de viande puis mouiller avec le jus de cuisson.

Laisser cuire 20 min.

Ciseler la ciboulette et l'ajouter en fin de cuisson.

Disposer la viande et les légumes dans une terrine puis ajouter le jus de cuisson à hauteur de la viande.

Mettre au réfrigérateur et laisser reposer 2 jours avant de déguster.

La première recette de presskopf connue figure dans un livre imprimé à Strasbourg en 1516 : "Kuchen meisteren"...

Kuchen meisterey.
Ein schön nutzlich buchlein
von bereytung der speis / zu gesundheit
vnd nützbarkeyt der menschen.

Quiche lorraine

Préparation : 15 min
Cuisson : 35 min

- *250 g de pâte brisée*
- *250 g de lard fumé*
- *150 g de jambon blanc*
- *200 g de fromage râpé*
- *4 œufs*
- *25 cl de crème fraîche*
- *Sel, poivre et muscade*

Etaler la pâte brisée et la dérouler dans un plat à tarte.

Piquer le fond à l'aide d'une fourchette.

Couper le lard fumé en lardons et le jambon blanc en dés.

Faire dorer les lardons à la poêle.

Déposer les lardons, les dés de jambon sur la pâte.

Parsemer le tout de fromage râpé.

Mélanger les œufs, la crème et l'assaisonnement sel/poivre/muscade puis verser l'appareil sur la pâte.

Pré-chauffer le four à 200°C pendant 10 min puis enfourner la quiche pendant environ 35 min.

Salade alsacienne

Préparation : 15 min

Ingrédients pour 4 personnes

- *600 g de gruyère*
- *4 cervelas*
- *1 oignon*
- *½ bouquet de persil*
- *Quelques feuilles de mesclun*

Pour la vinaigrette

- *4 cuil. à soupe d'huile*
- *2 cuil. à soupe de vinaigre*
- *1 jaune d'œuf*
- *Sel, poivre*

Hacher finement le persil. Eplucher l'oignon et le couper en fines rondelles à l'aide d'une mandoline.

Faire de fines lamelles de gruyère à l'aide d'une mandoline. Tailler les lamelles en tagliatelles dans le sens de la longueur.

Eplucher les cervelas, les couper en 2 dans le sens de la longueur puis les strier dans le sens de la largeur.

Mixer tous les ingrédients de la vinaigrette.

Dresser la salade, le gruyère, le cervelas puis parsemer de persil et de rondelles d'oignons.

Ce plat souvent dénommé "salade mixte" est apprécié comme repas du soir en été, avec une bière fraîche...

La Tarte flambée

La tarte flambée fait partie intégrante des plats traditionnels alsaciens. Cette spécialité est également présente dans les régions voisines (Pays de Bade, Palatinat et Moselle).

Il faut chercher les origines de ce plat dans le monde rural de nos belles campagnes alsaciennes. La tarte flambée est confectionnée avec la pâte à pain qui restait toutes les deux à trois semaines, lors de la cuisson du pain dans les fermes.

La tarte flambée est ainsi cuite après les miches de pain dans le four à bois, d'où le nom de « flambée » que l'on pourrait traduire par « léchée par les flammes ».

D'autres témoignages nous apprennent que c'est lorqu'ils tuaient le cochon que les paysans mangeaient de la tarte flambée, car c'était un plat facile et rapide à réaliser.

La tarte flambée est aussi un plat simple et peu onéreux pour les paysans, qui produisent la totalité des ingrédients nécéssaires à sa confection (crème, lard, oignons).

Mais l'atout principal de ce plat reste la convivialité, c'est l'occasion de se réunir autour d'une table en famille, entre amis et voisins. Le sens du partage prime : la tablée partage la même tarte qui est coupée en 6 ou 8 parts sur une planche en bois, où chaque convive mange son morceau avec les doigts.

La tarte est préparée sur une planche puis glissée dans le four au milieu des braises à même la pierre, sa cuisson se veut très rapide (2 à 3 minutes) à environ 400°C.

La tarte est prête lorsque les bords de la pâte noircissent (d'où son nom de flambée), elle est alors retirée du four avec une longue pelle puis glissée sur une autre planche de bois afin de ravir petits et grands gourmands.

La consommation de tartes flambées dans les fermes remonte vraisemblablement au XIXe siècle.

Il faut attendre les années 1960 pour la voir apparaître dans les restaurants à Strasbourg.

C'est principalement dans le Kochersberg que se développent des restaurants où la tarte flambée est servie uniquement les fins de semaine, du vendredi soir au dimanche soir. Ces établissements connaissent un franc succès !

Ce succès amène les restaurateurs à développer leur gamme de tartes en offrant un choix plus diversifié : tarte gratinée, tarte forestière aux champignons, au munster, ...

Cependant la tradition paysanne est maintenue et perpétuée au sein de ces établissements, la tarte est toujours servie sur une planche à l'ensemble de la tablée, les convives mangent avec les doigts les tartes qui se suivent régulièrement dans la bonne humeur jusqu'à satiété !

Tarte flambée

Préparation : 35 min
Cuisson : 3-4 min
Temps de repos : 1 h

Ingrédients pour 4 personnes

Pour la pâte

- *500 g de farine*
- *250 g d'eau*
- *10 g de levure boulangère*
- *2 cuil. à soupe d'huile*
- *1 pincée de sel*

Pour la crème

- *1 kg de fromage blanc*
- *½ l de crème fraîche*
- *10 cl d'huile de colza*
- *1 œuf*
- *½ cuillère à café d'ail semoule*
- *Sel, poivre*
- *1 pincée de muscade*

Pour la garniture

- *2 oignons*
- *300 g de lard*

Diluer la levure dans un peu d'eau tiède.

Tamiser la farine, creuser un puits et ajouter le reste des ingrédients de la pâte.

Pétrir le tout jusqu'à avoir une pâte homogène. Former une boule, couvrir d'un torchon et laisser reposer pendant 1 h.

Mélanger tous les ingrédients de la crème au fouet.

Emincer les oignons.

Couper le lard en lardons très fin.

Prendre 200 g de pâte et l'abaisser en un rectangle le plus fin possible.

Répartir une louche de fromage sur l'abaisse, y disposer les oignons et les lardons.

Faire cuire 3-4 min dans un four chaud à 250°C, thermostat 8.

La tarte flambée se consomme avec un bon vin d'Alsace ou une bière bien fraîche !

Tarte à l'oignon

Préparation : 30 min
Temps de repos : 1 h
Cuisson : 40 min

Ingrédients pour 6 personnes

Pour la pâte

- *250 g de farine*
- *125 g de beurre pommade*
- *1 pincée de sel*
- *1 œuf*
- *2 cuil. à soupe d'eau*

Pour la garniture

- *1 kg d'oignons*
- *100 g de beurre*
- *3 œufs*
- *100 g de lardons*
- *25 cl de crème fraîche*
- *Sel, poivre*
- *Muscade*

Tamiser la farine et faire un puits. Verser l'œuf battu, le sel, l'eau et travailler avec une partie de la farine.

Ajouter le beurre coupé en petits morceaux et pétrir le tout.

Former une boule et laisser reposer une heure.

Eplucher puis émincer finement les oignons.

Les mettre dans une casserole avec le beurre, couvrir et laisser cuire à feu doux pendant 10 min.

Battre les oeufs avec la crème. Saler, poivrer et ajouter une pincée de noix de muscade.

Mélanger le tout avec les oignons.

Beurrer le moule, abaisser la pâte et foncer le moule.

Verser l'appareil sur la pâte. Avant d'enfourner, parsemer de lardons.

Faire cuire 40 min à 220°C, thermostat 7.

Suggestion d'accompagnement : Salade verte.

Terrine de gibier

Préparation : 45 min
Marinade : 24 h
Cuisson : 1 h 30

Ingrédients pour 1 terrine

- *300 g de chair à saucisse*
- *300 g de filet de sanglier ou de chevreuil haché*
- *300 g de filet de sanglier ou chevreuil*
- *150 g de carottes*
- *50 g de céleri boule*
- *2 œufs*
- *10 cl de vin rouge*
- *10 cl de vin blanc*
- *15 g de sel nitrité*
- *2 bardes de lard blanc*
- *100 g de mousse de canard*

La veille

Couper les 300 g de filet de gibier en lamelles. Eplucher les carottes et le céleri puis les couper en julienne. Mélanger tous les ingrédients excepté les bardes de lard et la mousse de canard. Laisser mariner pendant 24 h.

Le jour même

Faire un cylindre de la longueur de la terrine avec la mousse de canard et l'entourer avec de la barde.

Chemiser une terrine avec les bardes de lard blanc et les laisser déborder à l'extérieur de la terrine afin de recouvrir la farce par la suite. Répartir 1/3 de la farce au fond de la terrine, tasser, puis déposer le cylindre de mousse de canard. Recouvrir du reste de farce et tasser à nouveau.

Refermer la barde de lard. Couvrir d'une feuille d'aluminium puis fermer la terrine. Chauffer le four à 180°C, thermostat 6.

Cuire au bain-marie pendant 1 h 30.

Potage aux lentilles à l'alsacienne

Linzesupp

Préparation et temps de cuisson : 2h15

- *250 g de lentilles*
- *1 poireau*
- *persil*
- *3 carottes*
- *2 pommes de terre*
- *2 l d'eau*
- *1 feuille de laurier*
- *2 clous de girofle*
- *1 oignon*
- *200 g de lard fumé*
- *1 knack par personne*
- *20 cl de crème fraîche*
- *20 cl de lait*
- *Sel, poivre*

Faire tremper les lentilles lavées pendant minimum 2 h.

Les recouvrir avec l'eau puis saler et poivrer le tout.

Incorporer les légumes taillés en brunoise, le lard, le persil finement haché, le laurier, et l'oignon piqué avec les clous de girofle.

Laisser cuire pendant 2 h à feu doux.

Ajouter les knacks 5 min avant de servir (pour ne pas qu'elles éclatent).

Rectifier l'assaisonnement si nécéssaire et ajouter le lait et la crème.

Possibilité de lier la soupe avec du roux pour la rendre plus consistante puis la passer au moulin à légumes.

Variante de la soupe :
- à base de petits pois « Erbsesupp »
- à base de haricots secs « Bohnesupp ».

Potage aux riwele
Riwelesupp

Préparation et temps de cuisson : 30 min

- *125 g de farine*
- *2 œufs*
- *2 l de bouillon de viande*
- *Sel, poivre*
- *Noix de muscade*
- *Persil ou cerfeuil*

Mélanger la farine, les œufs et l'assaisonnement à la main jusqu'à obtention de petites quenelles de pâte fines.

Ce sont ces quenelles que l'on nomme « Riwele » du fait du frottement (« riwe » signifiant frotter).

Pocher ensuite les « Riwele » dans le bouillon corsé et saupoudrer de persil ou coriandre finement haché.

Ce potage peut se cuisiner comme repas du soir avec le reste de bouillon d'un pot-au-feu...

Soupe à l'oignon
Zewelsupp

Préparation et temps de cuisson : 1 h

- *300 g d'oignons*
- *125 g de pain*
- *30 g de farine*
- *50 g de beurre*
- *Sel, poivre*
- *2 l de bouillon ou d'eau*
- *Noix de muscade*

Faire roussir les oignons finement émincés et coupés dans le beurre tout en remuant bien, puis ajouter la farine.

Laisser cuire quelques minutes tout en remuant la masse.

Mouiller la préparation avec l'eau ou le bouillon, ajouter le sel-poivre et laisser mijoter à feu doux pendant plus de 30 min.

Selon les goûts passer la soupe ou non au tamis.

Faire griller les tranches de pain ou croûtons ou les faire revenir dans du beurre.

Pour varier les plaisirs, vous pouvez ajouter un peu de crème fraîche, du fromage râpé et de la noix de muscade.

Carpe frite

Préparation : 30 min
Cuisson : 10 min

Ingrédients pour 6 personnes

- *1 grosse carpe*
- *3 œufs*
- *150 g de semoule*
- *Sel, poivre*
- *3 citrons*

Ecailler et vider la carpe.

La couper en tranches de 2 cm d'épaisseur.

Saler et laisser reposer pendant 20 min.

Sécher avec du papier absorbant.

Faire chauffer un bain de friture.

Battre les œufs. Saler, poivrer.

Passer les tranches de carpe dans l'œuf puis dans la semoule.

Les plonger dans le bain de friture pendant 10 min.

Servir immédiatement accompagnées des citrons coupés en quartiers.

Suggestions d'accompagnement : Pommes de terre vapeur, salade verte, mayonnaise.

Harengs marinés

Marinade : 2 x 48 h

- *6 harengs au sel (moitié avec laitance, moitié avec œufs)*
- *2 oignons*
- *1 feuille de laurier*
- *25 cl de crème fraîche*
- *1 cuil. à soupe de moutarde*
- *2 cuil. à soupe d'huile*
- *Poivre en grains*
- *Vinaigre*

Nettoyer les harengs, les faire dessaler 48 h en changeant l'eau plusieurs fois.

Le troisième jour, enlever la peau des harengs et lever les filets. Les déposer dans la terrine avec les oignons en rondelles et la feuille de laurier. Préparer la sauce avec le reste des ingrédients et la laitance si on le désire.

Napper les filets et les laisser mariner 48 h encore avant de les consommer.

Le hareng est introduit en Alsace à l'époque du développement de la navigation fluviale sur le Rhin il y a deux siècles.
Les mariniers descendaient le fleuve chargés de barriques de vin et de harengs, ceux-ci étaient directement salés afin d'être conserver au mieux.

En Alsace, hareng rime aussi avec Rollmops ! Filet de hareng mariné et enroulé autour d'un cornichon, conservé dans un bocal de vinaigre et d'épices. Un artisan de Strasbourg produit des Rollmops en 1935 dans l'une des tours de Finkwiller à l'Ancienne Douane, cette année marque le début de l'essor alsacien de ce mets.

Autrefois sur les comptoirs des cafés et « bierstub » des villages alsaciens, on pouvait trouver un verre contenant des rollmops. Ces derniers accompagnaient souvent une bière dès le matin...

Matelote à l'alsacienne

Préparation : 1 h 30
Cuisson : 20 min

Ingrédients pour 6 personnes

- *500 g de brochet*
- *500 g de sandre*
- *1 kg d'anguille*
- *200 g d'oignons grelots*
- *300 g de champignons de Paris*
- *50 cl de vin blanc*
- *50 cl de crème fraîche*
- *1 jaune d'œuf*

Ecailler, vider et couper vos poissons en darnes de 4 cm.

Emincer les champignons.

Faire sauter vos morceaux de poissons dans une sauteuse avec du beurre 3 min sur chaque face.

Déglacer au vin blanc puis réserver le poisson dans un four chaud à 60°C, thermostat 2.

Ajouter les oignons, les champignons et la crème. Saler, poivrer.

Laisser réduire de moitié puis lier la sauce avec le jaune d'œuf.

Dresser le poisson puis verser la sauce sur le poisson.

Suggestion d'accompagnement : Nouilles fines ou tagliatelles.

Sandre au Riesling

Préparation : 20 min
Cuisson : 10 min

Ingrédients pour 4 personnes

- *4 filets de sandre*
- *1 échalote*
- *100 g de champignons de paris*
- *30 cl de vin blanc (Riesling)*
- *30 cl de crème fraîche*
- *50 g de beurre*
- *30 cl de fumet de poisson*
- *3 cuil. à soupe de farine*
- *Sel, poivre*

Emincer l'échalote et les champignons.

Fariner le poisson sur chaque face.

Faire fondre la moitié du beurre dans une cocotte allant sur la plaque de cuisson et au four. Y faire colorer les filets sur chaque face. Réserver.

Ajouter le reste du beurre et faire suer les échalotes et les champignons.

Mettre le poisson dessus, déglacer au vin blanc, ajouter le fumet de poisson et la crème. Saler, poivrer.

Mettre au four chaud à 180°C, thermostat 6, pendant 10 min.

Dresser le poisson. Faire réduire le jus de cuisson si nécessaire jusqu'à napper le dos d'une cuillère.

Napper le poisson.

Baeckeoffe

Le Baeckeoffe est sans doute le plat traditionnel alsacien le plus renommé après la choucroute. A l'origine, il est cuit dans le four du boulanger, d'où son nom : *Baecke* **/ boulanger et** *Offe* **/ four.**

Marinade : 1 nuit
Cuisson : 2h30
Température : 180°C

- ***1 pied de porc et 1 queue de porc***
- ***500 g de bœuf (paleron)***
- ***500 g de quasi de veau***
- ***500 g d'épaule d'agneau***
- ***500 g de collet de porc***

- ***2 kg de pommes de terre***
- ***2 blancs de poireaux***
- ***2 carottes***
- ***2 gousses d'ail***
- ***3 oignons***
- ***Persil, thym et laurier***
- ***Gros sel***
- ***Vin blanc d'Alsace***

Détailler les viandes en morceaux.

Faire mariner pendant 1 nuit avec 2 blancs de poireaux, 2 carottes, 2 gousses d'ail, 3 oignons, persil, thym, laurier, gros sel et vin blanc.

Disposer une couche de pommes de terre émincées puis une couche de viande et alterner ainsi les couches.

Ajouter le pied et la queue de porc en dernier.

Mouiller avec du vin blanc et le reste de la marinade à mi-hauteur.

Cuire 2 h 30 au four à 180°C.

Le baeckeoffe est un plat copieux qui peut s'accompagner d'une simple salade verte et d'un Riesling ou d'un Pinot gris.

Il existe aussi des variantes où les viandes sont remplacées par différents poissons, la base des légumes étant conservée.

Dans la terrine en terre cuite émaillée de Soufflenheim se mélangent harmonieusement les pommes de terres coupées en lamelles, les carottes, les oignons et le poireau avec les trois viandes (bœuf, porc, agneau) marinées dans du vin blanc d'Alsace avec des épices.
Préparé la veille, c'était apparemment le plat des jours de lessive, au temps où les femmes se retrouvaient au lavoir. Elles déposaient leur terrine le matin chez le boulanger et la recherchaient à midi, bien chaude, en rentrant de la lessive.

Une autre version rapporte que le baeckeoffe est le plat consommé le dimanche par les gens de la ville de Strasbourg. Il semblerait qu'on déposait les terrines chez le boulanger avant de se rendre à la messe et qu'on allait récupérer son plat à la sortie de l'église, bien fumant et prêt à être dégusté.

Bouchées à la reine

Préparation : 35 min
Cuisson : 1 h 30

Ingrédients pour 6 personnes

Pour la viande
- *1 poule*
- *500 g de paleron de veau*
- *1 oignon*
- *1 clou de girofle*
- *1 branche de céleri*
- *1 carotte*
- *1 poireau*
- *1 bouquet garni*

Pour les champignons
- *200 g de champignons de Paris*
- *40 g de beurre*

Pour la sauce
- *1,5 l de bouillon de poule*
- *20 cl de crème*
- *1œuf*
- *90 g de beurre*
- *90 g de farine*
- *Sel, poivre*

- *6 croûtes*

Faire bouillir 3 à 4 litres d'eau dans une grande marmite. Eplucher l'oignon et y planter un clou de girofle. Eplucher une carotte, nettoyer le céleri et le poireau. Ajouter tous les ingrédients de la viande dans le bouillon.

Ajouter la poule et le paleron. Ecumer régulièrement. Laisser cuire 1h15 à petits bouillons.

Retirer la viande et la laisser refroidir. Réserver le bouillon.

Désosser la viande et la couper en petit morceaux.

Laver les champignons et les émincer. Faire fondre le beurre dans une poêle. Ajouter les champignons et les faire revenir pendant 5 min. Saler, poivrer, puis réserver en fin de cuisson.

Préparer un roux. Pour cela, faire fondre le beurre dans une casserole, ajouter la farine et mélanger jusqu'à coloration. Ajouter petit à petit le bouillon et laisser réduire 10 min.

Ajouter la viande et les champignons. Réduire le feu pour qu'il n'y ait plus d'ébullition.

Battre le jaune d'œuf avec la crème puis verser dans la sauce pour la lier. Mélanger.

Chauffer le four à 180°C, thermostat 6. Faire chauffer les croûtes pendant 5 min.

Verser la préparation dans les croûtes puis servir.

Les bouchées à la reine étaient traditionnellement servis lors du repas de communion...

Le vin d' Alsace

L'implantation de la vigne en Alsace remonte d'après les sources archéologiques à la période romaine. La présence de garnisons romaines le long du Rhin est attestée ainsi qu'un commerce d'importation de vin avec Rome. Pour se faciliter la vie quotidienne, les romains implantent ainsi la vigne en Alsace.

La viticulture connaît un nouvel essor pendant la période médiévale grâce aux ordres monastiques bien présents dans la région. Un document du IXe siècle atteste d'une production viticole dans plus de 160 lieux. Les vins de la production rhénane s'exportent déjà vers les pays nordiques par voies navigables sur l'Ill et le Rhin.

Le XVIe siècle est une période très florissante pour la viticulture alsacienne, la surface de production est deux fois plus importante que de nos jours. Malheureusement, le vignoble a subit d'énormes dégâts pendant la Guerre de Trente ans (la quasi totalité a été détruite).

Après la guerre, les viticulteurs ont replanté les plans et en 1828, le vignoble alsacien s'étend sur 30000 ha. Il faut attendre 1945 pour avoir une dénomination « Vin d'Alsace », encadrée tardivement en 1962 par un décret conférant une AOC.

Le plus ancien vin du monde est conservé dans les Caves des Hospices Civils de Strasbourg. Ce vin date de l'année 1472. Il fut notamment offert à boire au Général Leclerc en 1944 lors de la Libération de la Ville.

Le Sylvaner : aux notes fruitées et fraîches, accompagne idéalement fruits de mer et charcuterie.

Le Riesling : très aromatique, s'accorde avec les poissons grillés, les volailles, la choucroute ou les fromages frais.

Le Muscat : avec son fruité inimitable constitue un délicieux apéritif.

Le Gewurztraminer : plus épicé se déguste principalement à l'apéritif ou au dessert. A savourer aussi avec un foie gras ou des fromages forts comme le Munster.

Le Pinot Blanc : tendre et délicat s'accorde avec la plupart des mets.

Le Pinot Gris : développe des arômes de sous-bois à marier avec le foie gras, le gibier, les rôtis.

Le Pinot Noir : est un cépage rosé ou rouge obtenu par la macération courte du grain de raisin dans le jus. Il est parfait avec les viandes rouges, les grillades, les fromages de chèvre.

Coq au Riesling

Cuisson : 1h30-2h
Température : 200 °C

- *1 coq*
- *1 poireau*
- *2 oignons*
- *Champignons*
- *Ail, thym, laurier, sel*
- *½ l de vin blanc d'Alsace*

Roux

- *Farine*
- *Beurre*

Préparer un fond de cuisson avec tous les ingrédients et compléter avec de l'eau.

A ébullition, ajouter le coq coupé en morceaux.

Faire cuire à couvert pendant pendant près d'1 h 30 à four chaud (200°C).

Après cuisson, retirer la viande.

Passer le fond au chinois.

Dans une casserole, faire fondre le beurre, ajouter la farine (à quantité égale), peu à peu, verser le fond de cuisson et en dernier la crème et les champignons.

Servir avec des nouilles d'Alsace ou des Spaetzle.

LA POULE D'ALSACE

Volaille de taille moyenne, dotée d'une crête frisée. Vive et active, la poule d'Alsace a besoin d'espace pour son élevage (elle est capable de survoler une clôture de 2 m).

Présente depuis très longtemps dans la région, c'est une des races de poules françaises à ne pas avoir été croisée avec les poules asiatiques...

La poule d'Alsace est une race fermière élevée pour sa chair blanche et ses œufs.

Choucroute

En France, les premières références à la cuisson du chou remontent au XVe siècle. La présence de la choucroute est attestée au XVIe siècle dans les monastères. Au XVIIIe siècle, elle est généralisée dans toute l'Alsace, une partie de la Lorraine et dans le Bade Wurtemberg.

La choucroute fait partie aujourd'hui des spécialités qui font la renommée de la gastronomie alsacienne dans le monde. En 2012, l'indication géographique protégée « choucroute d'Alsace » a été mise en place.

La choucroute est traditionnellement composée de chou blanc râpé, mis en saumure dans de grands tonneaux. La fermentation acide est un bon moyen de conservation.

Le chou est râpé et salé depuis le Haut Moyen Age en Alsace. En 1539, la salaison du chou faisait partie des tâches hivernales comme le note Jérôme Boch dans son « *Kreuterbuch* ». Il en est de même pour les navets salés. Au XVIe siècle, le mot « *Sürkrutt* » en alsacien fait son apparition. La choucroute est alors assaisonnée de baies de genièvre, de sureau, de sariette... jusqu'au XVIIIe siècle.

Cochonaille

Les cochonailles sont organisées pendant les débordements de carnaval, qui rappellent les fêtes populaires païennes auxquelles s'adonnaient Romains et Germains, qui avec l'organisation de ces banquets célébraient le retour du printemps.

Aujourd'hui, de nombreux restaurants et fermes-auberges organisent des « journées cochonailles » où l'on apprécie tout au long du menu la viande porcine sous toutes ses formes. Mais contrairement aux Romains, la cochonaille se consomme de nos jours en automne jusque fin novembre.

Menu type :
- Soupe de boudin
- Presskopf
- Boudins noirs
- Choucroute royale garnie

Il existe bien entendu d'autres variantes selon les spécialités des établissements

Le pays du chou s'étend sur environ 650 ha autour de son principal lieu de prodution : Krautergersheim. Ce village se revendique comme étant la capitale de la choucroute.

L'Alsace est aujourd'hui la première région productrice de choux à choucroute avec 75% de la production française.

Choucroute

Préparation : 25 min
Cuisson : 1 h 30

Ingrédients pour 6 personnes

- *2 kg de choucroute*
- *1 oignon*
- *100 g de saindoux*
- *1 feuille de laurier*
- *50 cl de Riesling*
- *1 gousse d'ail*
- *10 baies de genièvre*
- *4 graines de coriandre*
- *Sel, poivre*

- *1 palette de porc salée*
- *6 saucisses de Strasbourg*
- *6 saucisses de Montbéliard*
- *400 g de lard fumé*
- *400 g de lard salé*
- *3 petits jambonneaux*
- *6 pommes de terre moyennes*

Laver la choucroute à l'eau froide, l'égoutter et la presser pour en extraire l'eau.

Mettre l'ail, le laurier et les épices dans un petit tissu et le fermer à l'aide de ficelle alimentaire.

Emincer l'oignon. Faire fondre le saindoux dans une grande marmite et faire revenir les oignons.

Ajouter la moitié de la choucroute, puis la palette, le lard, les jambonneaux et le sachet d'épices.

Couvrir avec le reste de choucroute.

Mouiller avec le vin blanc, et ajouter de l'eau jusqu'à hauteur. Saler légèrement et poivrer.

Laisser cuire avec le couvercle et à feu doux pendant 1 h 30 en surveillant qu'il y ait toujours du liquide dans le fond de la marmite.

Eplucher les pommes de terre. Les ajouter au dessus de la choucroute 30 min avant la fin de la cuisson.

Faire bouillir une casserole d'eau. À ébullition, ajouter les saucisses de Strasbourg et de Montbéliard, couvrir et retirer du feu. Laisser dans l'eau chaude pendant 10 à 15 min.

Variante : le vin blanc peut être remplacé par de la bière pour mouiller le chou.

Estomac de porc farci

Préparation : 1 h 15
Cuisson : 1 h 30

Ingrédients pour 6 personnes

- *1 estomac de porc*
- *400 g de chair à saucisse*
- *100 g d'escalope de dinde*
- *100 g d'escalope de veau*
- *150 g de glaçons*
- *100 g de carottes*
- *100 g de céleri*
- *100 g de navets*
- *100 g de poireau*
- *200 g de pommes de terre*
- *1 l de fond de veau*
- *30 cl d'eau*
- *30 cl de vin blanc*
- *Sel, poivre*

Eplucher et laver les légumes puis les couper en dés d'1 cm de côté.

Les blanchir dans un grand volume d'eau bouillante pendant 5 min.

Laver l'estomac de porc et frotter l'intérieur avec du gros sel. Le sécher.

Hacher la viande de porc, de dinde et de veau avec les glaçons.

Mélanger la viande hachée et les légumes. Saler, poivrer.

Farcir l'estomac puis coudre l'ouverture.

Pocher l'estomac farci dans un gros volume d'eau bouillante pendant 1 h.

Une fois l'estomac poché, le mettre dans un plat haut. Verser le fond de veau, l'eau et le vin puis enfourner pendant 30 min à 180°C. Le jus de cuisson doit arriver à mi-hauteur de l'estomac farci.

Le dresser dans un plat et verser la sauce dessus.

Suggestion d'accompagnement : salade verte.

Palette de porc fumée au raifort
Schieffele

**Le « Schieffele » est un plat traditionnel alsacien qui se sert accompagné d'une salade verte et d'une salade de pommes de terre.
On retrouve aussi le « schieffele » dans la choucroute.**

Préparation et cuisson : 1h30

• env. 1,2 kg de palette de porc fumée
• 1 court bouillon
• 4 carottes
• 1 oignon
• Persil

Sauce au raifort
• 200 g raifort râpé fin
• 20 cl crème fraîche
• 30 g de beurre
• Bouillon
• Sel
• Un peu de farine

Faire chauffer le court bouillon avec les carottes, l'oignon et le persil. Incorporer la palette fumée dans le bouillon.

Une fois la cuisson terminée, la retirer et la laisser égouter.

Couper la palette en tranches.

Faire un roux avec le beurre et la farine puis mouiller avec le bouillon.

Ajouter ensuite le raifort finement râpé.

Mélanger le tout puis incorporer encore un peu de bouillon et un peu de sel. Cuire à feu doux pendant 15 min.

Lier avec la crème fraîche puis ajouter la muscade et servir chaud.

Fleischschnacke

**Cette spécialité originaire du Sundgau, se prépare traditionnellement avec les restes de viande de pot-au-feu du dimanche...
Cette pâte à nouille farcie ressemble à des escargots : d'où leurs nom, en traduction littérale "escargots de viande".
Dorés à la poële dans un premier temps, ils sont ensuite cuits dans un bouillon.**

Préparation : 1 h 30
Cuisson : 20 min

Ingrédients pour 6 personnes

- *600 g de viande à pot au feu cuite*
- *200 g de légumes à pot au feu cuits*
- *2 œufs*
- *200 g de persil*
- *2 cuil. à soupe d'huile d'huile*
- *50 cl de bouillon de volaille*
- *10 cl de vin blanc*
- *1 feuille de laurier*

Pour la pâte

- *500 g de farine*
- *5 œufs*
- *1 cuil. à soupe de vinaigre*
- *Sel*

Mettre la farine tamisée dans un cul de poule.
Creuser un puits et verser les œufs battus.

Ajouter le vinaigre et une pincée de sel.

Pétrir le tout jusqu'à l'obtention d'une pâte homogène, lisse et ferme.
Laisser reposer 20 min.

Hacher la viande, les légumes et le persil.

Mélanger le tout en ajoutant 2 œufs.

Rectifier l'assaisonnement si nécessaire.

Abaisser la pâte en rectangle d'une épaisseur de 2 mm.

Répartir la farce sur la pâte en prenant soin de laisser 1 cm vierge pour souder la pâte.

Rouler la pâte en la serrant et souder le centimètre de pâte au rouleau avec un peu d'eau.

Couper en tronçons de 2 cm.

Faire chauffer l'huile dans une cocotte en fonte et faire dorer les portions de chaque côté.

Ajouter le bouillon, le vin, le laurier et laisser cuire une dizaine de minutes.

Suggestion d'accompagnement : Quenelles de moelle et salade verte.

Jarret au munster

Préparation : 25 min
Cuisson : 2h30

Ingrédients pour 6 personnes

- *6 jambonneaux ou jarrets de porc salés*
- *50 cl de vin rouge*
- *20 cl de fond de veau*
- *300 g de munster*
- *20 cl de crème fleurette*
- *Sel, poivre*

Assaisonner les jarrets. Dans une cocotte chaude, faire griller les jarrets sur toutes les faces puis mouiller avec le fond de veau et le vin.

Enfourner pendant 2 h 30 à 150°C, thermostat 5.

Vérifier la cuisson. Le jarret doit être fendu.

Faire bouillir la crème fleurette et la retirer aussitôt du feu.

Ajouter le munster coupé en morceaux et mixer jusqu'à ce que la crème soit homogène.

Servir.

Suggestion d'accompagnement : Pommes de terre sautées.

Le munster

Plusieurs origines sont connues pour le célèbre fromage de Munster...

Deux versions similaires rapportent que l'origine remonterait à l'installation de moines bénédictins italiens en 668 dans la région de Munster. Ces moines auraient fabriqué le fromage pour leur consommation propre.
Une autre légende raconte qu'au IXe siecle, un moine irlandais de passage dans la région aurait montré son savoir-faire concernant la fabrication du fromage à la population locale, qui aurait nommée ce fromage « munster », nom de la localité où il est produit.
Pour d'autres, la fabrication du munster remonte à la période de christianisation de la région par les moines sous Charlemagne. Mais là encore, ce sont les moines qui amènent leur savoir-faire. Le nom de Munster viendrait dès lors de « Münster » qui signifie monastère.

La première mention référencée concernant le fromage se trouve dans le Traité de Marquard en 1339, établi entre l'Abbé de Marquard et la communauté du Val et de la Ville de Munster. Un texte nous apprend également que les paysans ont pris l'habitude de payer une partie de leur impôt en livrant du fromage aux Ducs de Lorraine, le jour de la Saint Jean-Baptiste (24 juin), rémunération due en échange de la location des terres du seigneur.

Le Munster est un fromage à base de lait de vache, cru ou pasteurisé, à pâte molle et à croûte lavée orangée et au goût prononcé. Pour une livre de fromage il faut compter environ cinq litres de lait. La tradition veut que la fabrication du fromage se fasse le matin : le lait de la traite du matin est mélangé au lait écrémé de la veille.
Tout débute dans le « kessel » en cuivre (chaudron), on verse le lait réchauffé à 32°C, puis on y ajoute la présure. Le sabrage se fait après une heure. On retire le petit lait et on met le caillé dans un moule. Le fromage est salé et retourné plusieurs fois avant d'être déposé en cave d'affinage.
Trois semaines durant, il est frotté tous les deux jours à la main, c'est ainsi que sa croûte orangé se forme peu à peu. Un affinage de 21 jours minimum est nécéssaire.

L'octroi de l'Appellation d'Origine Contrôlée au fromage de Munster remonte au 21 juin 1969.

Pot-au-feu

Préparation : 30 min
Cuisson : 2 h 30

Ingrédients pour 6 personnes

- *500 g de plat de côtes*
- *500 g de macreuse*
- *1 kg de paleron*
- *3 os à moelle*
- *1 oignon*
- *1 bouquet garni*
- *1 petit chou blanc*
- *6 carottes*
- *1 céleri*
- *4 poireaux*
- *2 navets jaunes*
- *1 clou de girofle*

Eplucher les carottes, le céleri et les navets.

Couper les carottes en tronçons de 4 cm.

Couper les navets en quatre et le céleri en morceaux.

Nettoyer les poireaux et les couper en deux.

Nettoyer et couper le chou en quatre.

Piquer un clou de girofle dans un oignon non épluché.

Mettre la viande et les légumes dans une grande casserole. Couvrir d'eau et porter à ébullition. Saler, poivrer.

Ecumer la mousse qui se forme à la surface.

Laisser cuire 2 h 30.

Une demi-heure avant la fin de la cuisson, ajouter les os à moelle.

Truc et astuce : Réaliser une grande quantité de pot-au-feu et faire une salade de pot au feu ou des fleischschnake avec les restes.

Le pot-au-feu se sert accompagné de petites crudités, de pommes sautées et de raifort...

Quenelles de foie

Préparation : 15 min
Cuisson : 30 min
Trempage : 24 h

Ingrédients pour 6 personnes

- ***500 g de foie de porc***
- ***125 g de lard fumé***
- ***250 g de graisse de veau (rognon)***
- ***150 g de semoule***
- ***30 g de persil***
- ***2 œufs***
- ***Sel, poivre***
- ***50 g de beurre***

Mixer le foie, le lard, l'oignon, le persil et la graisse au robot.

Ajouter les œufs, la semoule et assaisonner.

Mélanger à la spatule pour rendre le mélange homogène.

Former les quenelles à l'aide de 2 cuillères à soupe.

Faire bouillir 3 l d'eau salée.

Pocher les quenelles pendant 10 min.

Dès qu'elles remontent à la surface, les égoutter et les réserver.

Les poêler dans le beurre juste avant de servir.

Suggestions d'accompagnement : Salade verte et pommes sautées.

Rossbif

Préparation : 30 min
Marinade : 72 h
Cuisson : 2 h 30

Ingrédients pour 6 personnes

- *2 kg de longe de cheval*
- *50 g de carottes*
- *50 g de poireaux*
- *50 g d'oignons*
- *3 gousses d'ail*
- *1 bouquet garni*
- *20 g de poivre mignonnette*
- *2 l de vin rouge*
- *1 cuil. d'huile*
- *50 g de farine*

3 jours avant

Eplucher les carottes, nettoyer le poireau puis les couper en rondelles.

Eplucher puis émincer l'oignon.

Dans un saladier, mettre la viande, les légumes, le poivre mignonnette et le vin.

Faire mariner pendant 72 h au réfrigérateur.

Le jour même

Egoutter la viande et les légumes. Réserver la marinade.

Faire chauffer une cuillère à soupe d'huile dans une cocotte puis faire revenir la viande avec coloration sur toutes les faces.

Retirer la viande et ajouter les légumes et les faire suer.

Remettre la viande, saupoudrer 50 g de farine puis mouiller avec la marinade.

Ajouter le bouquet garni et l'ail. Saler, poivrer.

Faire cuire la viande à couvert et à feu doux pendant 2 h 30.

Couper la viande en fines tranches et napper de sauce.

Suggestion d'accompagnement : Salade de pommes de terre ou spätzle.

Le Rossbif est traditionnellement servi lors des Messti dans les villages...

Quenelles de pommes de terre à l'alsacienne Büewespietzle

Préparation et temps de cuisson : 1 h

- *1,5 kg de pommes de terre crues*
- *500 g de pommes de terre cuites en robe des champs*
- *150 g de farine*
- *Sel*
- *50 cl de crème fraîche*
- *2 oignons*
- *75 g de beurre*
- *Eau salée bouillante*

Eplucher puis laver les pommes de terre crues, puis les râper avec une grille moyenne.

Les presser dans un linge fin afin d'en recueillir le jus et la fécule.

Eplucher les pommes de terre cuites et les passer au moulin à légumes.

Mélanger les deux sortes de pommes de terre ainsi que la fécule (sans le jus) avec la farine et le sel.

Malaxer le tout.

Faire revenir les oignons hachés finement dans le beurre et les laisser dorer.

Tremper les mains dans la farine et former avec la pâte des quenelles d'environ 10 cm de long.

Porter à ébullition une casserole d'eau salée pour y faire pocher les quenelles pendant environ 8 min.

Egoutter les quenelles puis les napper de la fondue d'oignons et de crème chaude.

Les « Büewespietzle » se consomment en plat principal avec une salade verte ou en accompagnement d'un rôti de porc par exemple.

Galettes de pommes de terre

Préparation : 20 min
Cuisson : 15 min

Ingrédients pour 6 personnes

- *1 kg de pommes de terre*
- *2 échalotes*
- *2 œufs*
- *1 bouquet de persil*
- *1 gousse d'ail*
- *Sel, poivre*

Eplucher les pommes de terre puis les râper.

Les égoutter dans une passoire et les presser pour en extraire le jus.

Hacher finement le persil et émincer les échalotes.

Presser l'ail.

Battre les œufs au fouet.

Saler et poivrer les pommes de terre puis mélanger tous les ingrédients.

Faire chauffer une poêle avec de l'huile.

Mettre des petits tas de pommes de terre dans la poêle et les aplatir à l'aide d'une spatule.

Les faire dorer environ 7 min sur chaque face.

Servir chaud avec une salade verte.

Chou braisé à l'alsacienne
Haffekrüt

Préparation et cuisson : 45 min

- *1 chou blanc moyen*
- *150 g de lardons fumés*
- *50 g de beurre*
- *1 oignon*
- *1 verre de vin blanc*
- *20 cl de bouillon*
- *Sel, poivre*

Parer le chou et le couper en deux.

Couper ensuite chaque moitié en lanières.

Dans une cocotte en fonte faire dorer dans le beurre les lardons et les oignons émincés.

Ajouter le chou en lanières puis verser le vin blanc et le bouillon dans la cocotte.

Saler, poivrer.

Faire cuire à feu doux en remuant régulièrement pendant environ 35 min.

Chou rouge

Marinade : 30 minutes
Cuisson : 2 h
Température : 200°C

- *1 chou rouge*
- *100 g de saindoux ou de graisse d'oie*
- *1 oignon*
- *2 pommes reinettes*
- *1 cuil. à soupe de vinaigre*
- *1 verre de Pinot noir*
- *1 feuille de laurier*
- *1 clou de girofle*
- *1 pincée de sucre*
- *Sel, poivre*

Couper le chou en fines lanières.

Le faire mariner avec le sel, le sucre et le vinaigre pendant 30 min.

Emincer l'oignon et le faire revenir avec la graisse.

Ajouter le chou mariné, le reste des épices et le vin rouge.

Couvrir et mettre le plat à four chaud (200°C) pendant environ 2 h.

Ajouter les pommes coupées en quartiers et cuire encore ½ h.

Dampfnuddle

Préparation : 1 h 30
Temps de levée : 5 h
Cuisson : 10 min

Ingrédients pour 6 personnes

- *400 g de farine*
- *18 cl de lait*
- *15 g de sucre*
- *2 œufs*
- *60 g de beurre pommade*
- *10 g de levure boulangère*
- *10 cl d'huile d'arachide*

Former un puits dans la farine.

Y verser le lait, le sucre, les œufs battus et la levure émiettée.

Pétrir la pâte en la repliant sur elle-même jusqu'à ce qu'elle soit bien homogène.

Incorporer le beurre pommade et pétrir jusqu'à ce que la pâte soit lisse et homogène.

Mettre la pâte dans un saladier et la réserver dans un endroit tiède.

Lorsqu'elle a doublée de volume (environ 2 h),
la retravailler et la laisser à nouveau doubler de volume.

Retravailler la pâte puis l'étaler en rectangle jusqu'à 2 cm d'épaisseur.

Découper des ronds à l'aide d'un emporte-pièce de 8 cm.

Laisser reposer et doubler de volume.

Dans une cocotte, faire chauffer l'huile, puis faire dorer les dampfnuddle sur chaque face.

Ajouter 10 cl d'eau et laisser cuire 4 min.

Autre spécialité d'Alsace de la famille du beignet : les Dampfnuddle, pâte à beignet cuite à la poële, qui se consommaient à l'origine avec une soupe aux légumes... Par la suite on les mangeait également en dessert avec une compote de pommes ou des fruits au sirop.

Spätzle

Préparation : 20 min
Cuisson : 5 min

Ingrédients pour 6 personnes

- *500 g de fleur de farine*
- *5 œufs*
- *25 cl de lait*
- *Muscade*
- *Sel, poivre*

Mélanger tous les ingrédients avec une spatule en bois jusqu'à ce que le mélange soit homogène.

Former les spätzle en les passant sur la râpe à spätzle ou en les découpant au couteau en petits morceaux de 3 cm de long sur 5 mm de large.

Faire bouillir une grande quantité d'eau.

Plonger les spätzle dans l'eau et les retirer dès qu'ils remontent à la surface.

Les spätzle peuvent également être poêlées avec du beurre après cuisson.

Knäpfle

Préparation : 20 min
Cuisson : 10 min

Ingrédients pour 6 personnes

- *250 g de fromage blanc*
- *500 g de fleur de farine*
- *5 œufs*
- *Muscade*
- *Chapelure*
- *Sel, poivre*

Mélanger le fromage blanc, les oeufs, la muscade, le sel et le poivre avec une spatule en bois. Ajouter la farine et mélanger jusqu'à ce que l'appareil soit homogène.

Avec le mélange, réaliser des quenelles à l'aide de 2 cuillères à soupe.

Faire bouillir une grande quantité d'eau dans une casserole.

Plonger les quenelles dans l'eau bouillante.

Dès qu'elles remontent à la surface, compter 5 min de cuisson supplémentaires. Les sortir de l'eau à l'aide d'une écumoire puis les mettre dans un bol d'eau glacée.

Les réserver sur un torchon sec et les faire sécher 15 min.

Rouler les quenelles dans la chapelure et les poêler dans un beurre noisette.

Truc : La fleur de farine peut être remplacée par de la farine tamisée.

Poelée de navets

Préparation : 15 min
Cuisson : env 1 h

- *4 navets blancs*
- *8 navets jaunes*
- *2 échalotes*
- *25 g de beurre*
- *Un peu de vin blanc*
- *Sel, poivre*

Eplucher les navets puis les couper en petits dés.

Ciseler finement les échalotes et les faire revenir dans le beurre et le vin blanc, puis ajouter les navets en dés.

Laisser cuire à feu doux en remuant régulièrement pendant environ 1 h (cela peut être moins si les dés sont petits).

Variante : possibilité d'ajouter des carottes à la poëlée ce qui adoucira le goût.

Nouilles à l'alsacienne
Freschi nuddle

Préparation et cuisson : 3 heures

- *500 g de farine*
- *6 œufs*
- *10 g de sel*
- *1 planche à nouilles*

Mettre la farine en fontaine puis ajouter les œufs et le sel.

Malaxer le tout jusqu'à obtention d'une pâte ferme et lisse (si besoin ajouter un peu d'eau). Pétrir la pâte obtenue sur la planche à nouilles farinée. Former des petites boules de pâte qu'on laisse reposer dans un linge.

Faire ensuite des abaisses aussi mince que possible et les laisser reposer également dans un linge propre.

Rouler ensuite les abaisses de pâte sur elles-mêmes et les découper en fines lanières (maximum 5 mm).

Eparpiller les lanières sur un linge pour les faire sécher.

Une fois les nouilles séchées, les faire cuire dans l'eau salée pendant environ 5 à 10 min. Les égoutter puis y ajouter une noisette de beurre.

Elles apparaissent dans notre région dès le XVe siècle. La particularité des pâtes alsaciennes est le nombre important d'oeufs (7) par kg de semoule de blé dur. C'est cela qui fait toute la différence !!!

Wasserstriewele

préparation et cuisson : 30 min

- *500 g de farine*
- *2 œufs*
- *50 cl d'eau*
- *1 cuil. à café de sel fin*
- *3 l d'eau salée*

Mélanger la farine, les œufs, l'eau et le sel. Battre les ingrédients pour obtenir une pâte consistante jusqu'à décollement. Laisser reposer la pâte pendant 30 min. Porter à ébullition les 3 l d'eau salée.

A l'aide d'une planche en bois, prendre une partie de la pâte et l'étaler sur la planche puis à l'aide d'un couteau faire de fines lanières que l'on fait glisser immédiatement dans l'eau bouillante.

Sortir les « Wasserstriewele » de l'eau lorsqu'elles remontent à la surface avec une écumoire.On peut faire revenir les « Wasserstriewele » dans du beurre avant de servir.

Les recettes sucrées au fil des saisons

- Carnaval
- Pâques
- Les tartes à la saison des fruits
- La Saint-Nicolas
- Les bredele de Noël

Beignets de carnaval

**Le carnaval s'étend de l'Epiphanie au Mardi gras.
Le Mardi gras achevant cette période, ce jour là tous les excès sont permis !**

Préparation : 30 min
Cuisson : 8-10 min

Ingrédients pour 7 à 8 beignets

- *275 g de farine*
- *3 jaunes d'œufs*
- *35 g de sucre semoule*
- *5 g de sel fin*
- *10 g de levure de boulanger*
- *25 g de lait*
- *80 g d'eau*
- *35 g de beurre*

Autres ingrédients

- *1 l d'huile pour friture*
- *Sucre semoule*
- *Cannelle*

Mélanger dans le bol du batteur la farine, les jaunes d'œufs, le lait, l'eau, le sel, le sucre et la levure.

Pétrir la pâte avec le crochet du batteur.

Lorsque la pâte devient lisse et brillante, ajouter le beurre malaxé et tempéré.

Mélanger votre pâte et lorsque celle-ci est homogène, la réserver dans un saladier et couvrez-la avec un film plastique. Laisser la pâte doubler de volume dans un endroit chaud et à l'abri des courants d'air.

Verser la pâte à beignets sur un plan de travail légèrement fariné.

Couper la pâte en morceaux de 70 g environ.

Aplatir chaque morceau de pâte et replier les bords vers le centre de votre pâton jusqu'à obtention d'une petite boule. Façonner les boules en forme de boudins.

Allonger les boudins à une longueur d'environ 60 cm.

Former une boucle avec les boudins, les croiser et les replier vers la partie centrale du bretzel. Coller les bouts avec un peu d'eau.

Disposer les bretzels sur une plaque recouverte d'un torchon propre. Recouvrir d'un film plastique et placer le plateau dans un endroit chaud et à l'abri des courants d'air.

Faire chauffer l'huile de friture à 180°C.

Dès que les beignets ont doublé de volume les placer un à un dans la friture chaude.

Retourner les beignets à l'aide d'une spatule en bois. La durée de la cuisson est de 3 à 4 min de chaque coté selon la taille de vos beignets.

Dès que les beignets ont une belle couleur, les sortir de l'huile et les égoutter sur du papier absorbant.

Parsemer de sucre cannelle lorsque vos beignets sont tièdes.

Le mot carnaval apparaît en France vers 1550, il trouve son origine dans le mot italien « *carnelevare* » (littéralement : chair / ôter), qui signifie simplement l'entrée dans la période du carême.

Le beignet trouve vraisemblablement son origine dans le monde médiéval. Il apparaît sur les tables princières dès le Haut Moyen Age.
Il semblerait avoir été introduit en Europe par les sarrazins lors de leurs diverses incursions. En 1449, lors du festin d'intronisation du nouvel évêque de Strasbourg, des beignets furent servis à trois cents convives...
Dès la fin du Moyen Age, une coutume est de mise en Alsace : les enfants et les conscrits collectent des beignets dans chaque foyer pour les offrir aux personnages importants du village.

Le premier beignet sorti du bain de friture était destiné aux poules afin qu'elles deviennent de bonnes pondeuses !

Cuisses de dames

Préparation : 25 min
Cuisson : 5 min

Ingrédients pour 6 personnes

- *300 g de farine*
- *5 g de levure chimique*
- *75 g de sucre semoule*
- *75 g de beurre*
- *50 g d'amandes grillées en poudre*
- *3 œufs*

Autres ingrédients

- *Sucre semoule*
- *Cannelle en poudre*
- *Sucre glace*

Mélanger tous les ingrédients dans le bol du batteur ou dans un saladier.

Pétrir la pâte à la main ou avec le crochet du batteur jusqu'à ce qu'elle soit homogène.

Façonner un boudin de 3 cm de diamètre environ.

Couper des tranches d'1 cm d'épaisseur et les façonner en petits boudins de 4 à 5 cm de long.

Mettre à chauffer l'huile de la friteuse à 180°C.

Déposer délicatement quelques boudins dans l'huile.

Les retourner au bout d'une minute à l'aide d'une fourchette pour qu'ils soient bien dorés.

Les laisser encore une minute puis les sortir de la friteuse.

Les faire égoutter sur du papier absorbant.

Mélanger un peu de sucre semoule avec de la cannelle en poudre.

Rouler les cuisses de dames dans le sucre cannelle et parsemer éventuellement de sucre glace.

En Alsace plusieurs sortes de beignets sont attestées :
- les « Scherwe », véritables beignets de carnaval de nos grands-mères.
Autrefois préparés et parfumés au Kirsch, Rhum...
Ils ressemblent aux bugnes.
- les « Schenkala », pâte roulée par les femmes sur leurs cuisses
à la paume de la main...
- les beignets à la mode de Hoerdt...

Agneau de Pâques
Lammele

Préparation : 30 min
Cuisson : 40-45 min

Ingrédients pour 1 moule

- *4 blancs d'œufs*
- *60 g de sucre + 60 g de sucre*
- *4 jaunes d'œufs*
- *20 g de maïzena*
- *100 g de farine*
- *1 zeste de citron*

Autres ingrédients

- *50 g de beurre*
- *Farine*

Préchauffer votre four à 180°C.

Beurrer et fariner généreusement votre moule en terre cuite.

Enlever l'excédent de farine, assembler le moule et les poser sur une plaque.

Tamiser la farine avec la maïzena.

Dans un saladier, faire mousser les jaunes d'œufs et la première partie du sucre.

Battre en meringue les blancs d'œufs avec la deuxième partie de sucre.

Lorsque les blancs sont montés, ajouter et mélanger les jaunes puis incorporer délicatement la farine et le zeste de citron à l'aide d'une spatule.

Eviter de mélanger trop longuement la préparation afin de ne pas la faire retomber.

Verser la pâte à biscuit dans le moule et mettre à cuire pendant 40 à 45 min environ selon le four.

Vérifier la cuisson à l'aide de la pointe d'un petit couteau : si la lame ressort sèche, votre agneau est cuit.

Après cuisson et refroidissement complet, tamiser généreusement de sucre glace.

Décorer avec un ruban ou un petit drapeau.

Tout comme pour le Kougelhopf, il est préférable d'utiliser un moule en terre cuite qui restituera mieux son goût bien spécifique.

Pour la première utilisation de votre moule, beurrez-le généreusement et mettez-le au four pendant une bonne heure. Laissez refroidir jusqu'au lendemain et nettoyez-le ensuite avec du papier absorbant sans le laver.

Cette tradition typiquement alsacienne est attestée dans une correspondance de Thomas Murner (théologien et humaniste alsacien) en 1519 où il est noté que le fiancé offrait un agneau à sa belle et qu'on offrait aussi l'agneau en biscuit aux enfants le jour de Pâques après la messe.

Pâtisserie traditionnelle alsacienne en forme d'agneau pascal, offerte le matin du jour de Pâques (symbole chrétien assimilant le Christ à l'agneau). Après le temps du Carême, ce biscuit riche en œufs, dont la consommation était proscrite pendant cette période, est un véritable régal ! Il permettait également aux ménagères et aux boulangers d'écouler leur réserve d'œufs accumulés pendant le carême. L'agneau saupoudré de sucre glace était décoré d'un fanion en papier aux couleurs du Vatican (blanc et jaune) ou de l'Alsace (blanc et rouge). De nos jours, les fanions sont souvent en carton de diverses couleurs.

L'agneau est cuit dans un moule en terre cuite émaillée fabriqué par les potiers de Soufflenheim.

Tarte à la rhubarbe meringuée

Préparation : 30 min
Cuisson : 45-50 min

Ingrédients pour un moule à tarte de 28 cm de diamètre environ

- *450 g de pâte brisée*
- *700 g de rhubarbe*

Pour le flan à tarte

- *1 œuf*
- *50 g de sucre*
- *20 g de maïzena*
- *100 g de lait ou de crème fraîche*

Pour la meringue

- *3 blancs d'œufs*
- *100 g de sucre semoule*
- *100 g de sucre glace*

Préparer la pâte à tarte et la laisser reposer au froid pendant 30 min.

Eplucher la rhubarbe et la couper en tronçons de 1 cm de large.

Beurrer un moule à tarte de 28 cm de diamètre.

Etaler la pâte et foncer le moule à tarte. Disposer les morceaux de rhubarbe et les répartir dans le fond de tarte.

Enfourner la tarte dans un four préchauffé à 200°C.

Pour le flan à tarte

À l'aide d'un fouet, faire mousser l'œuf et le sucre dans un saladier.

Ajouter la maïzena, mélanger et terminer le flan en ajoutant le lait ou la crème.

Laisser cuire la tarte pendant 20 à 25 min environ et verser le flan sur votre tarte.

Remettre la tarte au four pendant environ 25 à 35 min selon le four.

Après cuisson, démouler la tarte sur une grille.

Pour la meringue

Battre les blancs d'œufs en neige ferme avec le sucre semoule. Ajouter le sucre glace à l'aide d'une spatule.

Remplir une poche pâtissière munie d'une douille cannelée de 10 mm de diamètre.

Dresser la meringue sur la tarte démoulée et remettre au four pendant 10 min environ.

Dès que la meringue commence à se colorer légèrement, défourner la tarte et la laisser refroidir sur une grille.

Dans les campagnes, ce gâteau, bien souvent, venait en remplacement du plat de viande et faisait suite à une bonne assiette de soupe de légumes...

Le mendiant peut être réalisé avec d'autres fruits du verger : mirabelles, quetsches...

Mendiant Bettelman

Préparation : 20 min
Cuisson : 35-45 min

Ingrédients

- *200 g de pain ou de pain de mie rassis*
- *150 g sucre semoule*
- *2 œufs*
- *400 g de lait*

- *600 g de cerises*

Autres ingrédients

- *Beurre*
- *Chapelure*

1 à 2 h avant

Ecraser le pain et le mettre dans un grand saladier.

Faire bouillir le lait, le verser sur le pain et mélanger le tout pendant une minute.

Lorsque le pain de mie est bien ramolli, ajouter le sucre et les œufs.

À l'aide d'une spatule, mélanger les ingrédients pour obtenir une masse homogène.

Rectifier éventuellement la consistance avec un peu de lait. La masse doit être de la même texture qu'une purée.

Equeuter les cerises et les incorporer à la préparation.

Les mélanger délicatement avec la spatule.

Beurrer généreusement un moule à gratin ou des moules à ramequins individuels.

Verser la préparation dans le moule.

Saupoudrer avec la chapelure, puis enfourner dans un four préchauffé à 180°C pendant 35 à 45 min environ.

Laisser refroidir le mendiant dans le plat.

Tarte aux mirabelles

Préparation : 20 min
Cuisson : 35-40 min

Ingrédients pour 1 moule à tarte 28 cm de diamètre environ

- *450 g de pâte brisée*
- *800 g de mirabelles dénoyautées*

Autres ingrédients

- *50 g de sucre*

Beurrer un moule à tarte de 28 cm de diamètre.

Etaler la pâte à 3 mm d'épaisseur environ, foncer le moule à tarte et piquer le fond de tarte à l'aide d'une fourchette.

Disposer les mirabelles dénoyautées en rosace sur le fond de tarte.

Parsemer les fruits de sucre et enfourner la tarte dans un four préchauffé à 180°C pendant 35-40 min environ.

Après cuisson, démouler la tarte sur une grille.

Tarte aux myrtilles

Préparation : 20 min
Cuisson : 30-35 min

Ingrédients pour 6 tartelettes de 12 cm de diamètre

- *400 g de pâte sablée*

Autres ingrédients

- *400 g de myrtilles*
- *Beurre*
- *Flan à tarte*

Beurrer les moules à tartelette.

Etaler la pâte à 3 mm d'épaisseur environ.

Détailler des disques de pâte de 14 cm de diamètre et foncer les moules à tartelette.

Piquer les fonds à l'aide une fourchette.

Nettoyer, laver et égoutter les myrtilles avant de les disposer dans les fonds de tartelette.

Verser le flan à tarte à mi-hauteur.

Enfourner dans un four préchauffé à 180°C pendant 30 à 35 min environ.

Après refroidissement, saupoudrer les myrtilles de sucre semoule.

Conseils et astuces

Si vous utilisez des myrtilles surgelées, parsemez un peu de chapelure dans votre fond de tarte avant d'y déposer les myrtilles.

Tarte aux quetsches

Préparation : 20 min
Cuisson : 35-40 min

Ingrédients pour
1 moule à tarte 28 cm
de diamètre environ

- ***450 g de pâte brisée***
- ***800 g de quetsches***
- ***50 g de chapelure***

Autres ingrédients

- ***50 g de sucre***
- ***½ cuil. à café de cannelle***

Beurrer un moule à tarte de 28 cm de diamètre.

Etaler la pâte à 3 mm d'épaisseur environ et foncer le moule à tarte.

Piquer le fond de tarte à l'aide d'une fourchette.

Parsemer la chapelure dans le fond de la tarte.

Laver les quetsches, les égoutter, les couper en deux, enlever les noyaux et les disposer sur la tarte.

Les placer en rosace dans le fond de tarte.

Enfourner la tarte dans un four préchauffé à 180°C pendant 35 à 40 min environ.

Après cuisson, démouler la tarte sur une grille.

Mélanger le sucre semoule et la cannelle.

Parsemer la tarte de sucre cannelle.

Les fruits des vergers faisaient le bonheur des bouilleurs de cru qui produisaient leurs propres eaux-de-vie. Les plus grandes variétés d'eaux-de-vie de fruits sont d'ailleurs issues de la production de la « région Alsace-Lorraine ».

L'alambic en cuivre était chauffé au feu de bois. En dehors de la période de distillation, le bouilleur devait déposer le col de cygne de son alambic à la mairie afin d'empêcher une utilisation frauduleuse.
Le schnaps était aussi reconnu pour ses vertus thérapeutiques par les médecins eux-mêmes : en prévention contre la grippe, sous forme de compresses... Même les femmes enceintes s'autorisaient un verre de Kirsch quotidien "afin de faire de beaux enfants" ! Heureusement, les moeurs ont bien changé...

Tarte flambée aux pommes
Apfelflammekuche

Préparation : 20 min
Cuisson : 8-10 min

Ingrédients pour 3 tartes flambées de 20 x 30 cm

Pour la pâte

- *250 g de farine*
- *5 g de sel*
- *150 g d'eau*
- *10 g de levure*
- *20 g de beurre*

Pour la préparation au fromage blanc

- *150 g de fromage blanc*
- *50 g de crème épaisse*
- *50 g sucre*
- *1 œuf*

Autres ingrédients

- *3 à 4 pommes*
- *Sucre semoule*
- *Cannelle en poudre*
- *1 petit verre de Calvados ou de Rhum (facultatif)*
- *Beurre*

Pour la pâte

Mélanger dans le bol du batteur ou dans un saladier la farine, le sel, la levure et l'eau.

Pétrir la pâte à la main ou avec le crochet du batteur.

Réserver la pâte dans un saladier, la couvrir avec un film plastique et la laisser doubler de volume.

Pour la préparation au fromage blanc

Mélanger dans un bol, le fromage blanc, l'œuf, la crème épaisse et le sucre.

Lorsque la pâte est suffisamment levée, la verser sur le plan de travail fariné. Détailler des pâtons de 150 g environ.

Aplatir les morceaux de pâte avec les mains et replier ensuite les bords vers le centre pour former une boule.

À l'aide d'un rouleau, étaler les boules à une épaisseur de 1 à 2 mm environ.

Disposer les fonds de pâte sur une plaque légèrement farinée.

Etaler la masse au fromage blanc sur le fond de pâte.

Eplucher, épépiner, et émincer les pommes puis les disposer sur le fromage blanc.

Mélanger le sucre et la cannelle et en parsemer sur les tartes flambées.

Disposer quelques noisettes de beurre.

Enfourner dans un four préchauffé à 260-270°C.

La durée de la cuisson est de 8 à 10 min selon le four.

Dès la sortie du four arroser éventuellement avec le Calvados et faites flamber.

Servir aussitôt la tarte flambée encore chaude.

Ce n'est que dans les années 1990 que les restaurateurs confectionnent les tartes flambées sucrées, servies en dessert pour clore le repas. La plus connue est la tarte aux pommes flambée au Calvados. Le principe reste identique : pâte fine, fromage blanc sucré, rondelles de pommes. D'autres variantes sont proposées au fil des saisons avec des fraises, myrtilles....

Mannele du saint Nicolas

Préparation : 25 min
Cuisson : 15 min

Ingrédients pour 8 bonhommes environ

- *300 g de farine de gruau*
- *50 g de sucre semoule*
- *5 g de sel fin*
- *1 œuf*
- *20 g de levure de boulanger*
- *110 g de lait*
- *75 g de beurre*

Autres ingrédients

- *1 œuf pour la dorure*
- *Raisins secs ou pépites de chocolat*

Mélanger dans le bol du batteur ou dans un grand saladier la farine, le sucre, le sel, la levure, l'œuf et le lait.

Pétrir la pâte à la main ou avec le crochet du batteur.

Lorsque la pâte est lisse, ajouter le beurre tempéré.

Mélanger la pâte jusqu'à ce qu'elle soit à nouveau lisse et bien homogène.

Couvrir la pâte avec un film plastique et la laisser doubler de volume dans un endroit chaud et à l'abri des courants d'air.

Lorsque la pâte est suffisamment levée, la verser sur le plan de travail fariné.

Détailler des pâtons de 75 g environ.

Aplatir chaque morceau de pâte avec les mains et replier ensuite les bords de la pâte vers le centre pour former une boule. Allonger les boules et formez des petits boudins de pâte en forme de carotte.

Prendre la partie la plus large et former la tête du bonhomme avec le tranchant de la main.

Disposer les morceaux de pâte sur une plaque préalablement beurrée.

Appuyer les bonhommes sur la plaque et à l'aide d'un petit couteau entailler le corps pour découper les bras.

Couper ensuite la base en deux parties égales pour les jambes.

Appuyer dans chaque bonhomme, deux raisins secs pour les yeux et un pour le nombril.

Couvrir les bonhommes avec un film plastique alimentaire et les laisser doubler de volume dans un endroit chaud et à l'abri des courants d'air.

Lorsque la pâte a doublé de volume, la badigeonner à l'aide d'un pinceau de dorure. Enfourner dans un four préchauffé à 180°C pendant 15 min environ.

Bredele

La période de confection des bredele de Noël est une occasion de réunir petits et grands dans la cuisine. Chacun est mis à contribution pour participer à cette tradition que tous attendent avec impatience...

Petits-beurre
Butterbredele

Préparation : 20 min
Cuisson : 10-15 min

Ingrédients pour 580 g de pâte

- *250 g de farine*
- *3 g de levure chimique*
- *150 g de beurre*
- *125 g de sucre glace*
- *1 œuf*
- *½ gousse de vanille grattée*
- *1 pincée de sel*

Autre ingrédient

- *1 œuf pour la dorure*

Casser l'œuf dans un saladier et ajouter le sucre.

Incorporer la vanille grattée, la pincée de sel et mélanger immédiatement à l'aide d'un fouet.

Tamiser la farine avec la levure chimique et mélanger la farine et le beurre afin d'obtenir une masse à l'aspect sableux. Ce travail se fait en frottant la farine et le beurre entre les mains.

Incorporer le mélange de l'œuf et du sucre à la farine sablée et travailler la pâte afin d'obtenir un mélange homogène.

Lorsque la pâte est pétrie, l'envelopper dans un film plastique. La réserver au froid pendant 1 à 2 h environ.

Malaxer légèrement la pâte et l'étaler à 4 mm d'épaisseur environ.

Détailler à l'aide de découpoirs des petits gâteaux de formes diverses.

Disposer les petits-beurre sur une plaque légèrement beurrée ou recouverte de papier sulfurisé.

Les badigeonner au pinceau avec de la dorure.

Laisser sécher et badigeonner de dorure une seconde fois. Mettre à cuire dans un four préchauffé à 180°C pendant 10 à 15 min environ.

Etoiles à la cannelle

Zimmetsterne

Préparation : 30 min
Cuisson : 10 min

Ingrédients pour 570 g de pâte environ

- *250 g de sucre glace*
- *5 g de cannelle*
- *250 g d'amandes entières en poudre*
- *70 g de blancs d'œufs ou 2 blancs d'œufs*

Autres ingrédients

- *1 blanc d'œuf*
- *150 g de sucre glace*

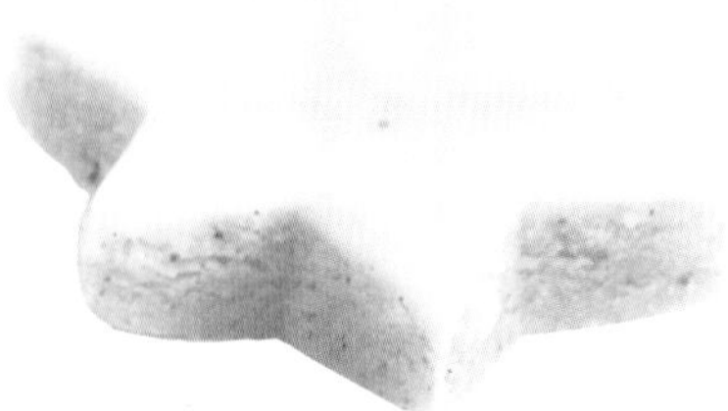

Dans un saladier, tamiser le sucre glace avec la cannelle.

Ajouter les amandes en poudre et les blancs d'œufs.

Malaxer le mélange pour obtenir une pâte homogène.

Lorsque la pâte est suffisamment pétrie, l'envelopper dans un film plastique et la réserver au froid pendant 1 h environ.

Malaxer légèrement la pâte sur la table et l'étaler à 10 mm d'épaisseur environ.

Réserver la pâte étalée au froid voire au congélateur pendant 15 min.

Verser le blanc d'œuf et le sucre glace dans un bol.

À l'aide d'un fouet, battre les blancs d'œufs et le sucre glace pour obtenir une glace royale assez ferme.

À l'aide d'une cuillère étaler une fine couche de glace royale sur la pâte.

Tremper l'emporte-pièce pour étoile cannelle dans un bol d'eau et découper les étoiles dans la pâte.

Les disposer sur une plaque recouverte de papier sulfurisé ou d'un tapis de cuisson siliconé.

Retravailler les chutes de pâte avec un peu d'amandes en poudre et recommencer les différentes opérations.

Laisser sécher les étoiles pendant environ 2 h à température ambiante.

Mettre à cuire dans un four préchauffé à 170°C pendant environ 10 min.

Lorsque les étoiles sont froides, les ranger dans une boite hermétique et dans un endroit frais et sec.

A Merry Christmas

Sablés souabes
Schwowebredele

Préparation : 20 min
Cuisson : 10-15 min

Ingrédients pour 700 g de pâte

- *250 g de farine*
- *3 g de levure chimique*
- *175 g de beurre*
- *125 g de sucre semoule*
- *1 œuf*
- *50 g d'amandes en poudre*
- *50 g de noisettes en poudre*
- *5 g de cannelle*
- *1 pincée de sel*

Autre ingrédient

- *1 œuf pour la dorure*

Casser l'œuf dans un saladier, ajouter le sucre et la pincée de sel et mélanger à l'aide d'un fouet.

Tamiser la farine avec la levure chimique.

Mélanger la farine et le beurre jusqu'à l'obtention d'une masse à l'aspect sableux.

Ce travail se fait en frottant la farine et le beurre avec les mains.

Incorporer les amandes, les noisettes, la cannelle et le mélange de l'œuf et du sucre à la farine sablée et travailler la pâte jusqu'à l'obtention un mélange homogène.

Lorsque la pâte est suffisamment pétrie, l'envelopper dans un film plastique et la réserver au froid pendant environ 1h.

Etaler la pâte à 3 à 4 mm d'épaisseur environ.

Détailler divers sujets avec des découpoirs de formes différentes.

Disposer les petits sablés sur une plaque légèrement beurrée ou recouverte de papier sulfurisé.

Les badigeonner à l'aide d'un pinceau avec de la dorure.

Laisser sécher et badigeonner une seconde fois de dorure.

Mettre à cuire dans un four préchauffé à 180°C pendant 10 à 15 min environ.

Spritzbredle

Préparation : 20 min
Cuisson : 10-15 min

Ingrédients pour environ 500 g de Spritzbredele

- *250 g de farine*
- *3 g de levure chimique*
- *150 g de beurre*
- *150 g de sucre semoule*
- *1 œuf*
- *35 g d'amandes en poudre*
- *40 g de noisettes en poudre*

Casser l'œuf dans un saladier et ajouter le sucre.

Mélanger immédiatement à l'aide d'un fouet.

Tamiser la farine avec la levure chimique.

Mélanger la farine et le beurre jusqu'à l'obtention d'une masse à l'aspect sableux.

Ce travail peut se faire avec un robot ménager ou sur le plan de travail en frottant la farine et le beurre avec les mains.

Incorporer l'œuf et le sucre, les noisettes et les amandes en poudre à la farine sablée et travailler la pâte jusqu'à l'obtention d'un mélange homogène.

Envelopper la pâte dans un film plastique et la réserver au froid pendant environ 1h.

Travailler légèrement la pâte.

Préparer un hachoir à viande muni d'une grille en forme d'étoile permettant de former les Spritzbredele.

Activer le hachoir et coupez des petits tronçons et les disposer sur une plaque beurrée ou recouverte de papier sulfurisé.

Former des lacets, des couronnes ou des bâtonnets.

Mettre à cuire dans un four préchauffé à 170°C pendant 10 à 15 min environ.

Gâteaux à l'anis
Anisbredele

Séchage : 12 h

Cuisson : 10 à 15 min

- *250 g de sucre*
- *3 oeufs entiers*
- *250 g de farine tamisée*
- *12 g d'anis en grains*

Battre les œufs et le sucre jusqu'au ruban pendant 20 min.

Ajouter l'anis et la farine.

Dresser les petits gâteaux à l'aide d'une poche à douille munie d'une douille lisse sur une toile siliconée ou un papier sulfurisé.

Laisser sécher 12 heures à l'abri des courants d'air.

La surface des gâteaux doit être mate et sèche.

Préchauffer le four à 150 °C.

Enfourner pendant 10 à 15 min.
Les gâteaux doivent rester blancs.

Langues de pain d'épices
LebkucheZunge

Préparation : 35 min
Cuisson : 8-10 min

Ingrédients

Pour la pâte à pain d'épices

- *300 g de farine*
- *200 g de miel*
- *60 g de sucre semoule*
- *1 jaune d'œuf*
- *1 œuf*
- *6 g de carbonate d'ammonium*
- *2 cuillerées à soupe de lait*
- *5 g de Kirsch*
- *5 g de cannelle*
- *6 g d'épices pour pain d'épices*
- *50 g d'amandes grillées concassées*
- *50 g de noisettes grillées concassées*
- *50 g d'écorces de citrons confits coupés en cubes*
- *50 g d'écorces d'oranges confites coupées en cubes*

Pour la glace royale

- *1 blanc d'œuf*
- *150 g de sucre glace tamisé*

Autre ingrédient

- *Lait*

La veille

Mélanger dans le bol du batteur ou dans un grand bol la farine, la cannelle et les épices à pains d'épices.

Dans un autre récipient, mélanger le lait et le carbonate d'ammonium. Mettre le miel et le sucre dans une casserole et le faire chauffer à feu doux.

Lorsque le miel atteint environ 60°C, le verser sur la farine et pétrir la pâte à l'aide d'une spatule en bois ou avec le crochet du batteur.

Incorporer les œufs tout en continuant de mélanger la pâte. La pétrir jusqu'à refroidissement complet. Ajouter ensuite le Kirsch et le carbonate d'ammonium mélangé au lait. Terminer la préparation en incorporant les fruits secs et les fruits confits. Emballer la pâte dans un film plastique et réserver celle-ci au frais.

Le jour même

Sortir votre pâte du réfrigérateur et la laisser une trentaine de minutes à température ambiante.

Sur le plan de travail légèrement fariné, étaler la pâte à une épaisseur de 1 à 2 mm. Enlever le surplus de farine et découper les langues à l'aide d'un emporte-pièce pour pain d'épices.

Disposer les langues sur une plaque légèrement farinée. À l'aide d'un pinceau, badigeonner les langues avec du lait froid. Enfourner aussitôt dans un four préchauffé à 180°C pendant 8 à 10 min. Après cuisson, laisser refroidir vos langues de pain d'épices avant de les décoller des plaques.

Mélanger le blanc d'œuf et le sucre glace à l'aide d'un fouet. Lorsque la glace royale est bien battue, badigeonner les langues à l'aide d'un pinceau. Faire sécher le glaçage au four pendant 1 à 2 min à 160°C.

Tarte au fromage blanc

Préparation : 20 min
Cuisson : 1h

Ingrédients pour 1 cercle de 20 cm de diamètre et de 6 cm de haut

- *250 g de pâte sablée*
- *300 g de fromage blanc*
- *4 jaunes d'œufs*
- *1/2 zeste de citron râpé (facultatif)*
- *40 g de maïzena*
- *4 blancs d'œufs*
- *140 g de sucre semoule*

Autres ingrédients et matériel

- *1 cercle de 6 cm de haut*
- *30 g de raisins secs macérés au Rhum*
- *1 cuil. à soupe de sucre glace*

Préparer la pâte sablée et la laisser reposer au froid. Beurrer le cercle.

Etaler la pâte à 4 mm d'épaisseur puis la poser sur une plaque recouverte de papier sulfurisé.

Appuyer le cercle dans la pâte et enlever ce qui dépasse. Parsemer le fond de raisins secs.

Pour la masse au fromage blanc

À l'aide d'un fouet, mélanger le fromage blanc, les jaunes d'œufs, le zeste de citron et la maïzena.

À l'aide d'un batteur électrique, monter les blancs d'œufs avec le sucre en neige ferme.

Incorporer délicatement les blancs en neige au premier mélange.

Verser la masse au fromage blanc dans le cercle et la répartir de façon homogène.

Mettre à cuire dans un four préchauffé à 160°C pendant 1h environ.

Lorsque votre tarte est cuite, la laisser tiédir puis retourner la tarte sur une grille.

Après refroidissement, retourner la tarte puis décorer le bord de la tarte avec un peu de sucre glace.

Streussel

Préparation : 30 min
Cuisson : 30-35 min

Ingrédients pour un Streussel de 500 à 600 g

Pour la pâte
- *250 g de farine*
- *40 g de sucre semoule*
- *5 g de sel fin*
- *1 œuf*
- *10 g de levure de boulanger*
- *80 g de lait*
- *60 g de beurre*

Pour le Streussel
- *100 g de farine*
- *70 g de beurre*
- *70 g de sucre*
- *1 cuil. à café de cannelle (facultatif)*

Autres ingrédients
- *1 œuf pour la dorure*
- *Une noisette de beurre*

Pour la pâte

Mélanger dans le bol du batteur ou dans un grand saladier la farine, le sucre, le sel, la levure, l'œuf et le lait.

Pétrir la pâte à la main ou avec le crochet du batteur. Lorsque la pâte est lisse, ajouter le beurre tempéré.
Mélanger la pâte jusqu'à ce qu'elle soit à nouveau lisse et bien homogène.

Réserver la pâte dans un saladier, la couvrir avec un film plastique et la laisser doubler de volume dans un endroit chaud et à l'abri des courants d'air.

Pour le Streussel

Pendant ce temps, mélanger dans un bol, la farine, le sucre, le beurre coupé en petits cubes et la cannelle.

Pétrir la préparation en frottant les ingrédients entre vos mains pour obtenir des grumeaux de pâte.

Réserver le Streussel au frais.

Beurrer un moule rond ou un plat à tarte de 25 cm de diamètre.

Lorsque la pâte est suffisamment levée, la verser sur le plan de travail fariné.

Aplatir la pâte avec les mains et replier ensuite les bords vers le centre pour former une boule.

Etaler la boule à l'aide d'un rouleau à pâtisserie à la dimension de votre moule. Placer la pâte dans le moule et la remettre à lever à l'abri des courants d'air.

Lorsque la pâte a doublé de volume, badigeonner celle-ci à l'aide d'un pinceau de dorure.

Emietter le Streussel sur la pâte et enfourner dans un four préchauffé à 180°C.

La durée de la cuisson est de 30 à 35 min.

Démouler et laisser refroidir sur une grille.

Kougelhopf sucré

Préparation : 30 min
Cuisson : 40-45 min

Ingrédients pour un moule de 25 cm de diamètre environ

- *375 g de farine*
- *60 g de sucre semoule*
- *7 g de sel fin*
- *2 œufs*
- *15 g de levure de boulanger*
- *115 g de lait*
- *90 g de beurre*
- *20 g de Kirsch d'Alsace*
- *115 g de raisins secs sultanines*
- *80 g d'amandes entières*

La veille, faire macérer les raisins secs avec le Kirsch.

Mélanger dans le bol du batteur ou dans un saladier la farine, les œufs, le lait, le sel, le sucre et la levure. Pétrir la pâte à la main ou avec le crochet du batteur. Lorsque la pâte devient lisse et brillante ajouter le beurre malaxé et tempéré.

Mélanger à nouveau votre pâte et lorsque celle-ci est homogène incorporer délicatement les raisins macérés.

Réserver la pâte dans un saladier et la couvrir avec un film plastique ou un torchon propre. Laisser la pâte doubler de volume dans un endroit chaud et à l'abri des courants d'air.

Prendre un moule à Kougelhopf de 25 cm de diamètre et beurrer généreusement les parois du moule.

Tremper les amandes dans un bol d'eau froide et disposer une amande dans chaque cannelure de votre moule à Kougelhopf.

Verser la pâte à Kougelhopf sur un plan de travail légèrement fariné. Aplatir la pâte et repliez les bords vers le centre de votre pâton jusqu'à l'obtention d'une boule.

Retourner la boule et à l'aide de votre pouce percer un trou au centre de la pâte. Placer la pâte dans le moule et la laisser lever dans un endroit chaud et à l'abri des courants d'air.

Enfourner le Kougelhopf dans un four préchauffé à 180°C dès que la pâte atteint la hauteur du moule.

La durée de la cuisson est de 40 à 45 min environ selon le four.

Nous tenons à remercier les familles Reichert et Wolffer
pour le prêt des photos anciennes...

ainsi que les restaurants :

- La Maison des Tanneurs (*Strasbourg*)
- A la Couronne (*Scherwiller*)

pour leur amicale et si précieuse collaboration...

Rédaction :
Nathalie REICHERT

Crédits photos :
Frédérique CLÉMENT
Couverture et pages 13, 21, 25, 29, 30, 35, 36, 39, 41, 45, 51, 52, 54, 56, 59, 61, 63, 69, 71, 77, 78, 81, 83, 84, 89, 91, 93, 95, 97, 99, 101, 103, 104, 107, 109, 111

Christophe HAMM
page 49

Fotolia
Pages 6, 9, 10, 14, 16, 19, 22, 24, 32, 33, 37, 46, 53, 57, 65, 67, 72, 74, 85, 86, 87

Illustrations :
Damien SCHITTER

I.D. l'Édition

9, rue des Artisans • 67210 Bernardswiller
Tél. : 03 88 34 22 00 • info@id-edition.com
www.id-edition.com

ISBN : 978-2-36701-074-8
Imprimé en UE - octobre 2017